Aktives Zuhören
Band 3

Rätsel in Reimen
(Märchen Berufe, Lieder, Orte)
und
kleine Geschichten in Reimen

zum Vervollständigen
für Menschen mit Demenz

Angela Weiland
September 2016
Herstellung und Verlag:
BoD-Books on Demand, Norderstedt
ISBN 978-3-7412-6327-9

Vorwort

Nachdem sich die ersten beiden Bände „Aktives Zuhören" als sehr nützlich für die Arbeit mit Menschen mit Demenz erwiesen haben, ist nunmehr Band 3 entstanden.
Besondere Berücksichtigung finden dieses Mal die Männer, die mit ihrer Interessen und Vorlieben manchmal ein bisschen zu kurz kommen.
Weiterhin darf gereimt und gerätselt werden. Ich hoffe, auch mit diesen Versen und Geschichten wieder Erinnerungen zu wecken, die der Auftakt für anregende Gespräche sein können.

Inhaltsverzeichnis	3-5

Märchen erraten	6
Der Froschkönig	7
Schneewittchen und die sieben Zwerge	8
Die Bremer Stadtmusikanten	9
Hänsel und Gretel	10
Rotkäppchen	11
Berufe raten	12
Der Schauspieler	13
Der Koch	13
Der Pilot	13
Die Verkäuferin	14
Der Schuster	14
Der Pfarrer	14
Der Lehrer	15
Die Müllwerker	15
Die Bankangestellte	15
Der Busfahrer	16
Der Verkehrspolizist	16
Lieder raten	17
All Vögel sind schon da	18
Ein Männlein steht im Walde	19
Kommt ein Vogel geflogen	20

Winter ade	21
Schneeflöckchen, Weißröckchen	22
Hoch auf dem gelben Wagen	23
Mein Vater war ein Wandersmann	24
Bruder Jacob	25

Reimgeschichten **26**

Auf dem Markt im Frühjahr	27
Auf dem Markt im Sommer	28
Auf dem Markt im Herbst	29
Auf dem Markt im Winter	30
Die Wochentage	31-32
Die Monate	33-34

Wo bin ich ? **35**

Beim Arzt/ Doktor	36
Beim Zahnarzt	36
Im Krankenhaus	36
Im Büro	37
Im Bus	37
In der Küche	37
Auf dem Balkon	38
Im Schlafzimmer	38
Im Urlaub	38
Beim Bäcker	39
Im Garten	39
Im Kino	39
In den Bergen	40
Auf dem Spielplatz	40

In der Kirche	40
In der Werkstatt	41
Im Stall	41
In der Kneipe	41

Männerseiten **42**

Im Bauhaus - Fliesen verlegen	43
Material- und Werkzeugliste	44
Im Bauhaus – Tapezieren	45
Material- und Werkzeugliste	46
Automarken	47
Heiratswunsch	48
Witze	49
Schöne Frauen	50
Maikäfer	51
Holzarbeiten und seine Tücken	52
Mein Moped	53
Meine Hochzeit	54
Angeln gehen	55
Äpfel pflücken	56
Das Skatspiel	57

Thema Gerüche **58-61**

Erinnerungen aus der Kindheit **62-65**

Als wir jung waren **66-68**

Thema Bewegung **69-73**

Märchen erraten

Der Froschkönig

Eine Königstochter mit der goldenen Kugel am Brunnen stand,
doch die Kugel fiel ins Wasser und   (**verschwand**).
Es erschien ein Frosch und sprach mit ihr,
renn nicht fort und bleibe doch   (**hier**).
Ich hole deine Kugel wieder herauf,
dafür musst du mich küssen, gib dein Wort   (**darauf**).
Die Königstochter sagt ja und zu ihrem Glück
taucht der Frosch und holt die Kugel   (**zurück**).
Sie küsst ihn und der böse Zauber ist weg
und ein Königssohn steht an seinem   (**Fleck**).
Ich glaube bestimmt, dass du es weißt,
wie dieses alte Märchen   (**heißt**).

Schneewittchen und die sieben Zwerge

Eine böse Königim wollte die Schönste sein
und schickte ihre Stieftochter zum Sterben in den Wald (**hinein**),
doch diese landete bei sieben kleinen Zwergen
und lebte fortan hinter den sieben (**Bergen**).
Doch die Stiefmutter trachtete weiter nach ihrem Leben,
denn es sollte neben ihr keine Schönere (**geben**).
Immer wieder fragte sie: Spieglein, Spieglein an der Wand,
wer ist die Schönste im ganzen (**Land**).
Mit einem vergifteten Apfel verfolgte sie das Mädchen
und ging in die Berge,
das Märchen heißt: (**Schneewittchen und die sieben Zwerge**).

Die Bremer Stadtmusikanten

Ein Esel ist alt und ihn will keiner mehr
und er trifft einen Hund, der hat es genauso   **(schwer)**,
Auf der Landstraße wandern sie langsam voran
und es schließen sich Katze und Hahn den beiden   **(an)**.
Sie kommen an ein Haus und können Räuber darin entdecken,
und wollen diese so richtig   **(erschrecken)**.
Der Hund steigt auf den Esel und die Katze auf den Hund,
obendrauf klettert der Hahn und leuchtet ganz   **(bunt)**.
Die Vier fangen ganz laut zu brüllen an,
die Räuber erschrecken und fliehen   **(dann)**.
Das Märchen kennen Kinder, Onkel und Tanten,
es sind die   **(Bremer Stadtmusikanten)**.

Hänsel und Gretel

Arme Eltern setzen ihre Kinder im Walde aus
und die Beiden finden nicht mehr nach   **(Haus)**.
Sie geraten immer tiefer in den Wald hinein
und stehen vor einem Haus mit Lebkuchen   **(fein)**.
Sie fangen schnell zu knabbern an,
plötzlich hören sie eine Stimme   **(dann)**:
„Knusper, knusper, knäuschen,
wer knabbert an meinem   **(Häuschen)**".
Das Mädel antwortet: „der Wind, der Wind,
das himmlische   **(Kind)**".
Eine Hexe will den Jungen braten,
doch es gelingt ihr nicht und nun müsst ihr **(raten)**.
Bestimmt fällt euch der Name des Märchens ein,
das kann doch nur   **(Hänsel und Gretel sein)**

Rotkäppchen

Die Großmutter liegt im Bett und ist krank,
doch sie hat eine Enkelin, Gott sei   (**Dank**).
Die will ihre kranke Großmutter besuchen,
in ihrem Körbchen hat sie Kaffee und   (**Kuchen**).
Doch der Wolf ist vor ihr da und frisst die Großmutter auf
und des Mädchens Schicksal nimmt seinen (**Lauf**).
Der Wolf legt sich mit Großmutters Kappe ins Bett hinein
und weiß, das Mädel kommt gleich zur Tür (**herein**).
Da kommt sie und fragt: „Großmutter, was hast du für einen großen Mund",
und schon verschwindet das Mädchen in seinem
    (**Schlund**).
Ein Jäger hört das Schnarchen und eilt herbei,
schlitzt den Bauch auf und lässt die Oma und das Mädel
    (**frei**).
Euch fällt bestimmt der Name des Märchens ein,
das kann doch nur   (**Rotkäppchen und der böse Wolf sein**).

Berufe raten

Der Schauspieler

Man kann ihn im Fernseher oder Kino seh'n,
im Theater sieht man ihn auf der Bühne   (steh'n).
Er schlüpft in verschiedene Rollen hinein,
das kann doch nur ein   **(Schauspieler sein)**.

Der Koch

Mein Mann lud mich zum Essen ein,
in ein nettes Restaurant gingen wir   **(hinein)**.
In der Küche es ganz herrlich roch,
mit seiner weißen Mütze bruzzelte dort   **(der Koch)**.

Der Pilot

Wir woll'n in den Urlaub und steigen in das Flugzeug ein,
daneben fühlen wir uns ganz   **(klein)**.
Der Himmel schimmert im Morgenrot,
die Maschine fliegt natürlich   **(der Pilot)**.

Die Verkäuferin

Eine richtige Beratung wäre jetzt gescheiter,
denn ich stehe im Laden und weiß nicht   **(weiter)**.
Ich frage mich, wo sind sie alle hin?
Ich brauche zur Beratung eine   **(Verkäuferin)**.

Der Schuster

Die Sohle hat ein Loch und die Absätze sind schief,
woraufhin ich zur Reparatur zu einem Fachmann   **(lief)**.
Als Kinder riefen wir: im Keller ist es duster,
da wohnt der alte   **(Schuster)**.

Der Pfarrer

Dieser Mann ist für die Menschen da,
er bestattet und tauft und traut das **(Hochzeitspaar)**.
Er erteilt uns den Segen und lädt uns in die Kirche ein,
das kann doch nur der   **(Pfarrer sein)**.

Der Lehrer

Er bringt den Kindern Lesen und Schreiben bei,
in den Ferien hat er wie sie immer   (**frei**).
Mit den Jahren wird es für die Schüler immer schwerer,
deshalb brauchen sie einen guten   (**Lehrer**).

Die Müllwerker

In jedem Haus gibt es für den Müll eine Tonne,
manchmal stinkt es dort mächtig und das ist keine
        (**Wonne**).
Was täten wir ohne diese Männer nur,
denn wir brauchen dringend unsere   (**Müllabfuhr**)

Die Bankangestellte

Zum Geld holen ging ich an den Bankschalter ran,
heute schaue ich ratlos den Geldautomaten   (**an**).
Es war normal, dass ich mich in der Schlange zu den anderen gesellte,
war ich dran, bediente mich eine Bank   (**-angestellte**).

Der Busfahrer

Ich staune, wie sicher er den Bus fahren kann,
an jeder Haltestelle hält er   (**an**).
Er bringt die Menschen von einem Ort zum andern,
gäbe es ihn nicht, müssten wir   (**wandern**).
Allen wird es immer klarer,
gesucht wird nämlich der   (**Busfahrer**).

Der Verkehrspolizist

Die Straße zu überqueren war früher nicht so schwer,
doch durch die vielen Autos geht es heute fast nicht
          (**mehr**).
Wenn jetzt mal eine Ampel ausgefallen ist,
regelt den Verkehr ein   (**Verkehrspolizist**)

Lieder raten

Alle Vögel sind schon da

Es bleibt schon länger hell
und wir erkennen jetzt sehr   (**schnell**),
der Frühling kommt und Hr./Fr…. ruft hurra,
nun singen wir : **alle Vögel**   (**sind schon da**).

Alle Vögel sind schon da,
alle Vögel alle,
welch ein Singen, Musizier'n,
Pfeiffen, Zwitschern , Tirilier'n
Frühling will nun einmarschier'n,
kommt mit Sang und Schalle.

Wie sie alle lustig sind,
flink und froh sich regen,
Amsel, Drossel, Fimk und Star,
und die ganze Vogelschar,
wünschen dir ein frohes Jahr,
lauter Heil und Segen.

                                        Volkslied

Ein Männlein steht im Walde, ganz still und stumm

Die Luft ist lau und wir wollen raus
und fahren in den Wald   (**hinaus**).
Hr./Fr. ... kommt mit und schaut sich um,
er/sie singt: **ein Männlein steht im Walde , ganz**   (**still und stumm**).

Ein Männlein steht im Walde,
ganz still und stumm,
es hat von lauter Purpur ein Mäntlein um,
sag, wer mag das Männlein sein,
das da steht auf einem Bein,
mit dem purpurroten Mäntelein.

Volkslied

Kommt ein Vogel geflogen

Der Frühling kommt und das freut uns alle sehr,
gute Laune zu haben fällt nun gar nicht so   (**schwer**).
Hr/Fr. …strahlt und das ist nicht gelogen,
er/sie mag das Lied: **kommt ein**   (**Vogel geflogen**).

Kommt ein Vogel geflogen,
setzt sich nieder auf mein Fuß,
hat ein Zettel im Schnabel,
von der Mutter einen Gruß.

Lieber Vogel fliege weiter,
nimm ein Gruß mit und ein Kuss,
denn ich kann dich nicht begleiten,
weil ich hierbleiben muss.

Volkslied

Winter, ade

Zur Zeit geh'n wir nicht raus, denn es ist glatt,
dieses Wetter haben wir richtig   (**satt**),
Hr./Fr....hat genug von Eis und Schnee
und singt ganz laut: (**Winter ade, scheiden tut weh**).

Winter ade,
scheiden tut weh,
aber das Scheiden macht,
dass mir das Herze lacht.
Winter ade,
Scheiden tut weh.

                                                Volkslied

Schneeflöckchen, Weißröckchen

Die Kinder lieben den Winter sehr,
und wünschen sich von Eis und Schnee noch   (**mehr**),
Hr./Fr. ...lacht und dirigiert mit dem Stöckchen
und singt dazu: (**Schneeflöckchen, Weißröckchen**).

Schneeflöckchen, Weißröckchen,
wann kommst du geschneit,
du wohnst in den Wolken,
dein Weg ist soweit.

Volkslied

Hoch auf dem gelben Wagen

Ein Bundespräsident hat es schon gesungen,
und es hat ganz gut   (**geklungen**).
Auch Fr./Hr.... will nicht verzagen
und singt das Lied: (**Hoch auf dem gelben Wagen**).

Hoch auf dem gelben Wagen,
sitz ich beim Schwager vorn,
vorwärts die Rosse, sie traben,
lustig schmettert das Horn.
Felder, Wiesen und Auen,
wogendes Ährengold,
ich möchte ja so gerne noch schauen,
aber der Wagen, der rollt.

Volkslied
(auch gesungen von Bundespräsident Walter Scheel)

Mein Vater war ein Wandersmann

Gewandert sind wir viel in früheren Jahren,
da sind wir auch nicht so oft mit dem Auto   (**gefahren**).
Heutzutage gehen wir spazieren dann und wann,
Fr./Hr. ... begleitet uns mit dem Lied: (**Mein Vater war ein Wandersmann**).

*Mein Vater war ein Wandersmann,
und mit steckt's auch im Blut,
drum wand're ich so lang ich kann
und schwenke meinen Hut.*

*valderi, valdera, valderi, valderahahahaha,
valderi, valdera und schwenke meinen Hut.*

Volkslied

Bruder Jakob

In der Schule haben wir manchmal einen Kanon gesungen,
wenn es klappte, hat es richtig toll   (**geklungen**).
Fr./Hr. ... erinnert sich und ruft ganz aufgeregt stopp,
der Kanon, den ich kenne heißt   (**Bruder Jakob**).

Bruder Jakob, Bruder Jakob,
schläfst du noch,
schläfst du noch, hörst du nicht die Glocken,
hörst du nicht die Glocken,
ding, dang, dong,
ding, dang, dong.

Volkslied

Reimgeschichten
Zum Thema Jahreszeiten, Wochentage und Monate

Auf dem Markt im Frühjahr

Endlich wird das Markttreiben wieder richtig interessant,
denn der ersehnte Frühling zieht durch's   (**Land**).
Man kann jetzt das Königsgemüse kaufen,
für den Spargel aus Beelitz bin ich extra zum Markt
    (**gelaufen**).
Langsam beginnt auch die Erdbeerzeit,
im eigenen Garten sind sie noch nicht   (**soweit**).
Also kaufe ich ein Pfund Erdbeeren ein,
doch vorher koste ich, denn süß müssen sie   (**sein**).
Auch Himbeeren sind schon im Angebot,
doch die sind zu sauer, die nasche ich nur zur   (**Not**).
Aber Radieschen esse ich mit Leidenschaft,
mein Vater sagte immer, die geben viel   (**Kraft**).
Als Kind habe ich mir darüber keine Gedanken gemacht,
später habe ich über seinen Spruch   (**gelacht**).
Er meinte auch, nach Mohrrüben kann man gut sehen,
dieses soll aber erst nach sieben Jahren   (**geschehen**).
Bei diesem Gedanken fällt mir ein,
ein paar Möhren dürfen es auch noch   (**sein**).
Die raspel ich dann klein, sonst sind sie zu hart für
meine Dritten,
und einen abgebrochenen Zahn kann man nicht einfach
mal   (**kitten**).
Eine grüne Gurke, die kaufe ich noch ein,
für einen Salat, mit Essig und Öl schmeckt der   (**fein**).
Nun habe ich genug gekauft und erzählt,
jetzt geh ich nach Haus und dann wird der Spargel
    (**geschält**).

Auf dem Markt im Sommer

Ich gehe früh zum Markt, weil ich weiß,
heute wird es richtig (**heiß**).
Meine Marktfrau ist immer zu einem Schwätzchen bereit,
und auch jetzt nehme ich mir gern dafür   (**Zeit**).
Ich brauche dringend ein Stück Wassermelone,
denn bei der Hitze geht es für mich nicht   (**ohne**).
Dann kaufe ich noch frische Aprikosen,
die schmecken besser, als die aus den   (**Dosen**).
Die Pfirsiche lachen mich ganz doll an,
so dass ich auf sie nicht verzichten   (**kann**).
Ein paar Tomaten, als Belag mit Zwiebeln find ich die lecker,
ach ja, dazu brauch ich noch ein Brot vom   (**Bäcker**).
Anschließend geh ich aber rasch nach Hause,
dort trinke ich erst einmal ein Glas   (**Brause**).

Auf dem Markt im Herbst

Es ist Herbst und somit ist es soweit,
auf dem Lande beginnt die Ernte- **(zeit)**.
Am Donnerstag ist immer Markttag,
ich gehe dorthin, weil ich den Markt **(mag)**.
Zuhause geht nämlich mein Obst zur Neige,
und ich brauche wieder Apfel, Birne und **(Feige)**.
„Frau Schulz, ihre Äpfel lachen mich heute so richtig an,
ob ich damit einen Kuchen backen **(kann)**?"
Birnen hatte ich auch schon länger nicht mehr,
geben sie mir doch bitte ein Kilo davon **(her)**.
Von den Pflaumen möchte ich auch noch ein Pfund kaufen,
das reicht, denn ich muss ja damit auch noch nach Hause **(laufen)**.
Doch halt, ich liebe Pilze und bin guter Dinge,
und hol mir für heute ein Pfund **(Pfifferlinge)**.
Also brauch ich noch Petersilie, denn die muss da rein,
dann wird das Essen ganz hervorragend **(sein)**.
Fast hätt' ich's vergessen, morgen kommt meine Enkelin, die süße Puppe,
der koche ich aus Gemüse eine leckere **(Suppe)**.
Mohrrüben, eine Stange Porree und Sellerie müssen da hinein.
Das müsste dann aber wirklich alles **(sein)**.
„Tschüss Fr. Schulz ich werde jetzt nach Hause geh'n,
nächsten Donnerstag werden wir uns sicherlich wieder **(seh'n)**."

Auf dem Markt im Winter

Im Winter sind auf dem Markt nur wenige Stände da,
aber es ist auch richtig kalt, daher ist es ja   (**klar**).
Doch für mich sind die Markttage feste Termine,
ich benötige schließlich viele   (**Vitamine**).
„Hallo, Fr. Schulz wie geht es ihnen denn heute,
auf dem Markt sind ja nur ein paar   (**Leute**)."
In der Winterzeit kaufe ich gern Mandarinen
und zum Auspressen brauche ich auch noch
          (**Apfelsinen**).
Für einen Obstsalat wären zwei Bananen gar nicht schlecht
und eine Zitrone ist mir auch noch ganz   (**recht**).
Einen Weißkohl, aber bitte möglichst klein,
einen Eintopf koch ich davon und lade meine Nachbarin
          (**ein**).
Ein halbes Pfund Rosenkohl will ich noch für's Sonntagsessen,
dazu kaufe ich dann noch ein Schnitzel, das darf ich nicht
          (**vergessen**).
„Tschüss Fr. Schulz, langsam wird mir richtig kalt,
heutzutage friere ich schneller, aber ich bin ja auch
          (**alt**)."

Die Wochentage

Der Montag
Der Montag ist der erste Wochentag,
an dem ich wie immer nicht aufstehen   (**mag**).
Nun geht der Trott von vorne los
und meine Lust ist nicht sehr   (**groß**).
Die Kinder müssen in die Schule gehen
und mein Chef möchte mich gern pünktlich   (**sehen**).

Der Dienstag
Der Dienstag ist schon nicht mehr so schwer,
man ist im Trott und zaudert nicht   (**mehr**).
Man hat so richtig viel zu tun,
und nur wenig Zeit sich   (**auszuruh'n**).
Damit die Blumen richtig sprießen,
muss ich sie heute alle   (**gießen**).

Der Mittwoch
Der Mittwoch ist der Tag, der Dritte,
wir haben also Wochen   (**-mitte**).
Meine Unlust muss ich ganz schön zügeln,
aber heute muss ich noch waschen und   (**bügeln**).
Also habe ich mich aufgerafft
und bis zum Abend alles   (**geschafft**).

Der Donnerstag
Nun ist Donnerstag und die Woche bald vorbei,
zu erledigen habe ich noch   (**allerlei**).
Ich muss nachher zum Kaufmann laufen
und dringend ein paar Sachen   (**kaufen**).
Das Obst ist alle und die Getränke leer,
ich hol nur zwei Flaschen, sonst wird es zu   (**schwer**).

Der Freitag
Heute ist schon wieder der Arbeitswoche letzter Tag,
ihr glaubt nicht, wie sehr ich den Freitag   (**mag**).
Alles geht ein bisschen leichter von der Hand,
und die Zeit ist wie immer schnell   (**verrannt**).
Die Woche war ok und ich brauche nichts bereuen
und fange an mich auf das Wochenende zu   (**freuen**).

Der Samstag
Endlich Wochenende, ich habe frei,
wir müssen noch einkaufen, aber was ist schon   (**dabei**).
Am Abend werden wir mal wieder ins Kino geh'n,
den neuen Film mit Rühmann will ich unbedingt (**seh'n**).
Danach kehren wir noch irgendwo ein
und trinken zum Abschluss ein Gläschen   (**Wein**).

Der Sonntag
Der Sonntag ist der schönste Tag,
ein Tag der Familie, wie ich ihn   (**mag**).
Man kann dann etwas Schönes machen,
man hat Zeit zum Spielen und zum   (**Lachen**).
Morgen beginnt wieder das tägliche Einerlei
und das Wochenende ist viel zu schnell   (**vorbei**).

Die Monate

Langsam macht sich die Ungeduld breit,
es ist immer noch Winter, die dunkle (**Jahreszeit**).
Wir müssen gut heizen und uns warm anziehen halt,
denn der Januar und Februar sind richtig (**kalt**).

Doch es dauert nicht lange und dann,
fängt am 21. März der Frühling (**an**)
Danach kommt dann der April,
und der weiß nicht, was er (**will**).

Der Mai wird auch der Wonnemonat genannt,
ideal zum Heiraten, wurde von den Paaren (**erkannt**).
Die Baumblüte steht in voller Pracht.
mit Obstwein wird gefeiert bis fast in die (**Nacht**).

Im Juni blüh'n die Rosen so wunderbar,
wir erinnern, wie schön das auch damals (**war**).
Am 21. Juni beginnt die Sommerzeit,
und die Ferien sind auch nicht mehr (**weit**).

Im Juli ist es richtig warm
und ein Grillabend hat auch seinen (**Charme**).
Doch noch charmanter ist die Damenwelt,
die die Männer mit kurzen Kleidern in Atem (**hält**).

Auch den August genießen wir noch sehr,
wer Glück hat, fährt im Urlaub ans (**Meer**).
Bei Sonne, Wasser und Strand
sind alle bald ganz braun (**gebrannt**).

Der nächste Monat weist uns darauf hin,
am 22.September ist (**Herbstbeginn**).
Kürzer werden schon wieder die Tage
und es wird kühler, gar keine (**Frage**).

Der Oktober kann schon kühl und ungemütlich sein,
doch manchmal stellt sich ein Altweibersommer (**ein**).
Den können wir dann noch richtig genießen,
bevor uns Kälte und Nebel die Laune (**vermiesen**).

Den November kann niemand wirklich leiden,
und Trübsinn lässt sich kaum (**vermeiden**).
Grau in grau ist es um uns herum,
alle denken, hoffentlich ist der Monat bald (**um**).

Am 21.Dezember geht der Winter an den Start,
und wir sind sehr beschäftigt, denn Weihnachten
(**naht**),
es wird gebastelt, gebacken und geschmückt
und eingekauft wird wie (**verrückt**).

Am letzten Tag von einem Jahr
feiern wir Silvester, das ist doch (**klar**),
und dann fängt alles von vorne an,
schneller, als man denken (**kann**).

Wo bin ich?

Beim Arzt / Doktor

Jeder von uns wird mal krank,
hier hilft man uns, Gott sei Dank.
Ziemlich voll ist es hier immer
und lange sitze ich im Wartezimmer.
Ob jung oder alt, alle gehen dort hin,
du weißt, dass ich gerade bei einem (**Arzt (oder Doktor) bin**).

Beim Zahnarzt

Ich denke, niemand ist hier sehr gern,
die Geräusche hört man lieber von (**fern**).
Hier wird gebohrt und manchmal gezogen,
hin und wieder tut es weh, das ist nicht (**gelogen**).
Auch ich müsste mal wieder zu ihm hin,
du weißt, dass ich dann beim (**Zahnarzt bin**).

Im Krankenhaus

Ärzte und Schwestern arbeiten hier,
und wenn du krank bist, helfen sie (**dir**).
Doch niemand geht hier gerne rein,
doch manchmal muss es eben (**sein**).
Neulich musste meine Galle raus,
dazu ging ich in ein (**Krankenhaus**).

Im Büro

Von Montag bis Freitag sitze ich hier,
von früh um acht bis nachmittags um (**vier**),
ich habe einen Schreibtisch, Computer und Telefon
und freue mich auf die Mittagspause (**schon**).
Ich verdiene hier mein Geld, das ist nun mal so,
du ahnst sicher, ich arbeite in einem (**Büro**).

Im Bus

An der Haltestelle warte ich auf ihn,
denn er bringt mich zu meiner Arbeit (**hin**).
Wenn er kommt, dann steige ich ein,
und kaufe mir beim Fahrer einen (**Fahrschein**).
Oft ist es so, dass ich stehen muss,
denn er ist meistens sehr voll, der (**Bus**).

In der Küche

Die Hausfrau verbringt dort eine Menge Zeit,
denn sie macht hier die Mahlzeiten (**bereit**).
Der Abwasch ist fertig, Gott sei Dank,
und das Geschirr steht wieder sauber im (**Schrank**).
Beim Kochen entstehen viele Gerüche,
der Ort, den ich meine, das ist die (**Küche**).

Auf dem Balkon

Zu meiner Wohnung gehört er dazu,
und ich mochte ihn im   (**Nu**).
Im Frühjahr bepflanze ich die Blumenkästen
und er dient zum Rauchen bei meinen   (**Gästen**).
An Sommerabenden sitze ich hier und schwärme davon,
denn ich liebe ihn, meinen   (**Balkon**).

Im Schlafzimmer

Wenn ich müde bin, lege ich mich hier zur Ruh,
und schließe meine Augen   (**zu**).
In diesem Raum ist es richtig nett,
denn hier steht mein gemütliches   (**Bett**).
Mein Kleiderschrank ist hier und ich betrachte mich immer,
in einem großen Spiegel in meinem (**Schlafzimmer**).

Im Urlaub

Ich liege in der Sonne an einem Strand,
die Kinder buddeln im weißen   (**Sand**).
Im Meer kann man herrlich schwimmen geh'n
und sich die fremde Umgebung   (**anseh'n**).
Jeder von uns findet es schick und fein,
denn man möchte gern   (**im Urlaub sein**).

Beim Bäcker

Gäbe es ihn nicht, hätten wir Not,
bei ihm kaufen wir Brötchen und (**Brot**).
Er kann die besten Torten herstellen,
den Hefeteig lässt er ordentlich (**quellen**).
Bei ihm riecht es immer richtig lecker,
deshalb gehe ich sehr gerne zum (**Bäcker**).

Im Garten

Ein kleines Stück Land nenne ich mein,
und ist auch die Laube richtig (**klein**),
so sind wir doch alle gerne hier,
es wird gegrillt und dazu gibt es ein (**Bier**).
Es wird gesät und gegraben mit dem Spaten,
auch die Kinder lieben ihn, unseren (**Garten**).

Im Kino

Es ist ein großer Saal mit vielen Plätzen,
nach dem Kauf einer Karte können wir uns (**setzen**).
Die Atmosphäre ist dort wirklich toll
und meistens wird es richtig (**voll**).
Die neusten Filme kann man hier sehen,
es macht Spaß hin und wieder in ein (**Kino zu gehen**).

In den Bergen

Die Wanderschuhe ziehe ich an,
damit ich richtig kraxeln   (**kann**).
Immer höher steige ich hinauf,
jedes Mal freue ich mich   (**darauf**),
von hier oben sehen Menschen aus wie Zwerge,
ich liebe sie, die hohen   (**Berge**).

Auf dem Spielplatz

Eltern gehen mit ihren Kindern hierher,
denn hier gefällt es den Kleinen   (**sehr**).
Ein Sandkasten lädt zum Buddeln ein,
für die Rutsche müssen sie schon etwas größer
     (**sein**).
Auch Schaukel und Wippe laden ein zum Spiel,
sag mir, wo bewegen sich die Kinder so   (**viel**)?

In der Kirche

Die Menschen kommen zum Gottesdienst her,
manche suchen Trost, ist ihnen das Herz   (**schwer**).
Der Pfarrer hält die Predigt und gebetet wird auch,
das Vaterunser nach uraltem   (**Brauch**).
Beginnen die Glocken zu läuten, dann gehen wir hin
und sitzen andächtig in der   (**Kirche drin**).

In der Werkstatt

Funktioniert etwas an meinem Auto nicht mehr,
dann muss es ganz dringend hier   (**her**).
In Auftrag gebe ich noch gleich die Inspektion,
vor der Rechnung graust es mich   (**schon**).
Wenn das Auto dann den neuen TÜV Stempel hat,
bin ich zufrieden mit meiner KFZ   (**-werkstatt**)

Im Stall

Es duftet nach Heu und es stinkt nach Mist,
so manches Tier hier zuhause   (**ist**).
Es gibt Kühe, Schweine, Schafe und Ziegen,
die alle vom Bauern ihr Futter   (**kriegen**).
Die Hühner legen Eier und Fliegen gibt es überall,
der Ort, den ich meine, das ist der   (**Stall**)

In der Kneipe

Nach Feierabend kehrten manche Männer gerne ein,
nach getaner Arbeit durfte es schon mal ein Bierchen
     (**sein**).
Die Frauen sahen es nicht so gern,
blieb der Mann länger der Familie   (**fern**).
Manchmal sah man ganz verstohlen
ein Kind den Vater aus der   (**Kneipe holen**)

Männerseiten in Reimen

Im Baumarkt- Fliesen verlegen

Wer will fleißige Handwerker seh'n,
der muss zu den Männern   (**geh'n**).
Mit Leidenschaft sie durch den Baumarkt laufen,
was ein Mann braucht, kann man dort   (**kaufen**).
Er bekommt Schrauben, Muttern und jeden Nagel,
und für die neue Leitung das elektrische   (**Kabel**).
Das braucht er nämlich für das Bad,
weil dieses noch keine Steckdose   (**hat**).
Für seine Ehefrau wär es ein Segen,
würde er im Bad neue Fliesen   (**verlegen**).
Er schaut sich das Angebot schon einmal an,
er kommt aber noch mal, damit er sie mit seiner Frau aussuchen   (**kann**).
Das alte Waschbecken und Klo passt dann auch nicht mehr,
also müssten noch neue Objekte   (**her**).
Zwei Stunden hat er hier nun schon verbracht
und über Vieles   (**nachgedacht**).
Er ist vom Profi weit entfernt,
denn Fliesenleger hat er nicht   (**gelernt**).
Doch er hat des Öfteren dabei zugesehen,
darum wird es hoffentlich auch nicht   (**schiefgehen**).
Er will überschlagen, was er benötigt an Geld,
Zuhause wird erstmal eine Materialliste   (**aufgestellt**).

Was benötigt man zum Fliesenlegen?

Material- und Werkzeugliste

- ✓ Fliesen
- ✓ Spachtelmasse
- ✓ Tiefengrund
- ✓ Fliesenkleber
- ✓ Fliesenkreuze
- ✓ Fugenmittel
- ✓ Silikon

- ✓ Fliesenschneider
- ✓ Spachtel
- ✓ Kelle
- ✓ Richtschnur

Im Baumarkt-Tapezieren

Sechs Jahre ist die letze Renovierung her,
die alten Tapeten gefallen uns nicht (**mehr**).
Ein bisschen mehr Farbe, das ist die neue Mode,
vor die farbige Wand kommt dann die (**Kommode**).
Vom gewünschten Farbton gibt es schon vier,
deshalb ist der Mann gleich mit seiner Ehefrau (**hier**).
Die Tapeten wollen sie ja auch zusammen auswählen,
da reicht es nicht, ihr davon zu (**erzählen**).
Über die Mengen hat er schon Zuhause nachgedacht,
was das Ganze schon mal etwas einfacher (**macht**).
Bei den Tapeten ist die Auswahl recht groß,
und beide überlegen: welche nehmen wir denn (**bloß**).
Irgendwann wird dann die Entscheidung getroffen,
und die Frau kann langsam auf das Einkaufsende (**hoffen**).
Doch er könnte noch stundenlang durch die Reihen geh'n,
um sich nach dem weiteren Material (**umzuseh'n**).
Schließlich braucht er noch einige Sachen,
um sich an die Renovierung zu (**machen**).

Was benötigt man zum Renovieren?

Material- und Werkzeugliste

- ✓ Tapeten
- ✓ Farbe
- ✓ Kleister
- ✓ Tapeziertisch
- ✓ Tapeziermesser
- ✓ Eimer zum Anrühren des Kleisters
- ✓ Malerbürste
- ✓ Nahtroller
- ✓ Leiter
- ✓ Zollstock
- ✓ Bleistift
- ✓ Cuttermesser

Automarken

Ein alter Spruch lautet: jeder Popel
fährt einen   (**Opel**).
Heinz Erhard singt vom Lord,
der fährt mit seinem   (**Ford**).
Ich denke mal, ein Raudi
fährt bestimmt keinen   (**Audi**).
Er hat eine Beule gefahren, oh weh,
beschädigt ist der neue   (**BMW**).
Deutsche Wertarbeit hat viele Fans,
weltbekannt ist der   (**Mercedes Benz**).
In Wolfsburg gebaut schon in früheren Tagen
wird das Auto für Jeden, der (**Volkswagen**).
Soviel Japaner sah man auf der Straße noch nie,
sehr bekannt ist der   (**Mitsubischi**).
Ein weiteres Auto aus Japan
ist der viel gekaufte   (**Nissan**).
Und noch ein Auto gibt es von da,
das ist der gern gefahrene   (**Honda**).
Japaner Nr. 4 fällt mir ein ruckizucki,
das ist natürlich der   (**Suzuki**).
Er kommt aus Italien, man sieht ihn aber auch in Riad,
das Auto, welches ich meine, das ist der   (**Fiat**).
Bekannt von der Rennstrecke, doch auch auf der Straße
sieht man sie,
Michael Schumacher fuhr ihn, den roten   (**Ferrari**).
Das Auto aus England fahren die königlichen Boys,
das ist dedass superteure   (**Rolls Royse**).

Heiratswunsch

Früher gehörte es zu den Bräuchen, den alten,
bei den Eltern um die Hand der Tochter
    (**anzuhalten**).
Der Anwärter wurde unter die Lupe genommen
und wurde befragt nach seinem   (**Einkommen**).
Als junger Mann konnte man sich der Frage nicht erwehren,
kannst du denn überhaupt eine Familie
    (**ernähren**)?
Vor dem Vater stand man aufgeregt wie vor einem Richter,
wartend auf das Urteil, welches   (**spricht er**).
Doch die Zeiten haben sich gewandelt,
heute wird darüber nicht mehr   (**verhandelt**).
In den Zeiten der Emanzipation
hat man keinen Einfluss mehr auf den
    (**Schwiegersohn**).
Eltern können nur noch versuchen zu reden und raten
und müssen auf die Entscheidung der Kinder
    (**warten**).

Witze

Man weiß, dass Männer gerne Witze machen
um darüber nach Herzen zu (**lachen**).
Es beginnt: kennst du den schon diesen?
Dann kommt vielleicht ein Witz über (**Ostfriesen**).
Blondinen werden von Männern eher verehrt,
dennoch sind Blondinenwitze sehr (**begehrt**).
Sind jedoch auch Kinder dabei,
verzichtet man auf Witze der Marke nicht
 („**jugendfrei**").
Schon Kinder machen kleine Witzchen,
da geht es dann um das bekannte Klein- (**Fritzchen**).
Witze werden eigentlich über jeden gemacht,
am leichtesten ist es, wenn man über andere (**lacht**).
Einigen Erzählern hört man wirklich gern zu,
von anderen wendet man sich ab im (**Nu**).
Manchmal kann es sogar richtig peinlich sein,
und in das Lachen des Erzählers stimmt keiner (**ein**).
Man lacht auch mal aus Verlegenheit mit,
doch diese Witze sind aber kein (**Hit**).
Witze gibt es wie Sand am Meer,
sie sich zu merken ist jedoch ganz schön (**schwer**).

Schöne Frauen

Jeder Mann, das weiß man genau,
wünscht sich eine schöne (**Frau**).
Nennt er diese dann sein eigen,
will er sich gerne mit ihr (**zeigen**).
Anerkennende Blicke nimmt er stolz auf,
es schmeichelt ihm, verlass dich (**drauf**).
Wenn aber ein anderer einen Blick zu viel wagt,
ihn ziemlich schnell die Eifersucht (**plagt**).
Kommt er dann nicht raus aus der Nummer,
macht eine schöne Frau nur (**Kummer**).
Jeder Mann sieht nun mal schöne Frauen an,
aber jeder weiß auch, dass er sie nicht alle haben
(**kann**).
Wichtig ist doch nur, dass sie bei ihm bleiben will,
die Devise sollte sein: steh zu ihr und genieße (**still**).

Maikäfer

Kennt ihr das Lied: Maikäfer flieg,
dein Vater ist im   (**Krieg**).
Es gibt eine Geschichte von Wilhelm Busch, die ist nett,
da legen Max und Moritz dem Lehrer Maikäfer ins
       (**Bett**).
Nachts fangen sie zu krabbeln und zwicken an,
so dass der Lehrer Hempel nicht mehr schlafen
       (**kann**).
Es gab früher manche Tage,
da waren Maikäfer eine   (**Plage**).
Die Kinder sind dann losgegangen,
um die Maikäfer   (**einzufangen**).
Damit hatten sie auch gar nicht viel Kummer,
denn sie flogen langsam, die dicken, braunen
       (**Brummer**).
Die Kinder fühlten sich richtig groß
und zogen mit einem Pappkarton   (**los**).
Fleißig sammelten sie die Maikäfer ein,
jeder wollte der Beste   (**sein**).
Sie verdienten sich ein kleines Taschengeld,
ein paar Pfennige waren für sie die   (**Welt**).
Heutzutage schaue ich hin und her,
aber ich sehe keine Maikäfer   (**mehr**).

Holzarbeiten und seine Tücken

Mein Nachbar hat mir etwas Holz geschenkt,
ich finde es nett, dass er an mich (**denkt**).
Für meine Frau möchte ich ein Tablett daraus bauen,
akkurat soll es werden, das schätzen die (**Frauen**).
Ich säge und bearbeitete das Holz mit Schleifpapier,
ich hab jetzt den Boden und der Leisten (**vier**).
Erst klebe ich und dann nagle ich sie fest,
nur noch die letzte Leiste, morgen mach ich den
(**Rest**).
Doch die letzte Leiste, die ist einfach zu lang,
doch absägen kann man immer, Gott sei (**Dank**).
Ich messe und säge und passe dann an,
und es ist passiert, was ich nicht begreifen (**kann**).
Ich schimpfe wie ein Rohrspatz, verdammter Mist,
weil sie nun zu kurz geraten (**ist**).
Glücklicherweise habe ich noch eine Leiste da,
und messe jetzt zweimal, das ist doch (**klar**).
Ich säge erneut und jetzt passt sie perfekt,
nun bin ich zufrieden, das Ergebnis ist (**korrekt**).

Mein Moped

Du fragst nach einer Geschichte aus meinem Leben,
darauf kann ich dir schnell eine Antwort   **(geben)**.
Vom Lehrgeld musste ich die Hälfte abgeben Zuhaus,
der verbliebene Lohn sah dann nicht mehr sehr üppig
          (aus).
Das meiste davon kam in die Sparbüchse rein,
da konnte ich ziemlich eisern   **(sein)**.
Durch Gelegenheitsarbeiten noch manche Mark dazugekommen ist,
schon ein Sprichwort sagt:" Kleinvieh macht auch
          (Mist)".
Einmal im Monat zählte ich mein Hab und Gut,
es wuchs an, ihr glaubt nicht, wie gut das   **(tut)**.
Denn ich hatte einen großen Wunsch und dann war es soweit,
eines Tages bot sich eine günstige   **(Gelegenheit)**.
Ich kaufte ein gebrauchtes Moped von meinem ersparten Geld
und war der glücklichste Mensch auf der   **(Welt)**.

Meine Hochzeit

Manchmal werde ich gefragt, woran erinnern sie sich gern,
sofort fällt mir ein Tag ein, der liegt schon sehr (**fern**).
Ich denke gern an meine Hochzeit zurück,
sie bedeutete für mich das größte (**Glück**).
Vor dem Standesamt stand ich neben meiner großen Liebe,
überzeugt davon, dass es für immer so (**bliebe**).
Doch die Realität holte uns bald ein,
aber man kann ja nicht immer im siebten Himmel (**sein**).
Der Alltag begann mit Geldnot und Kindersorgen,
manchmal konnte Mutter uns etwas (**borgen**).
Doch wir waren fleißig und es ging bergauf,
das kennen sicher viele aus ihrem (**Lebenslauf**).
Wir verdienten mehr und schafften uns manches an
und ein etwas leichteres Leben (**begann**).
Die Kinder machten auch viel Freude , von Ausnahmen abgesehen,
aber man kann nun mal nicht immer nur prima (**verstehen**).
Gemeinsam bewältigten wir alles und waren stark,
und meine/n Frau/Mann liebte ich bis zum letzten (**Tag**).

Angeln gehen

Mit meinem Onkel bin ich manchmal angeln gegangen,
und hin und wieder habe ich auch einen Fisch
      (gefangen).
Von meinem Opa bekam ich zum Geburtstag eine Angel geschenkt,
und das hat mein Interesse in die richtige Bahn
      (gelenkt).
Ich war ein wildes Kind, oft außer Rand und Band,
doch ich war ganz ruhig mit der Angel in der
      (Hand).
Leider waren die Fische meistens zu klein,
und so warf ich sie wieder ins Wasser   **(hinein)**.
Doch einmal hatte ich einen richtigen Fang,
es war ein Hecht , ungefähr ein Meter   **(lang)**.
Ich erzählte voller Stolz und bald wussten alle Leute
von meiner ein Meter langen geangelten   **(Beute)**.
Mein Opa hat mich netterweise nie verraten,
denn in meiner Erzählung war der Fisch zu groß
      (geraten).
Das nennt man im Volksmund Anglerlatein,
aber mit seinen 70 cm war der Fisch ja trotzdem nicht
      (klein).

Äpfel pflücken

Nun kann ich nicht mehr länger warten
und muss zum Äpfel pflücken in den (**Garten**).
Anfangs pflücke ich noch im Stand,
alle, die ich erreiche mit der (**Hand**).
Doch irgendwann komme ich nicht mehr weiter
und hole mir eine große (**Leiter**).
Jetzt gelange ich auch an die höheren Äste ran,
so dass ich weiterpflücken (**kann**).
Es funktioniert so, wie es soll,
und im Nu ist der Eimer (**voll**).
Das heißt rauf und runter, runter und rauf,
Gott sei Dank, bin ich gut (**drauf**).
Obstkisten habe ich auf dem Markt bekommen,
die habe ich gern zum Lagern (**genommen**).
Dann sammle ich noch die Falläpfel ein,
das wird nochmal ein Eimer voll (**sein**).
Für Apfelmus kann man sie noch nutzen,
dafür muss man sie aber schneiden und (**putzen**).
Von meiner Frau werden sie gekocht und durchgedreht,
sie weiß am besten, wir es (**geht**).
Der Apfelmus schmeckt richtig toll,
drum nehme ich gleich ein Schälchen (**voll**).

Das Skatspiel

Spielt jemand Skat, dann leuchten meine Augen,
seit mehr als 60 Jahren und das ist kaum zu
             (**glauben**).
Schon in der Oberschule nutzte ich zum Spielen die Pausen,
und ließ dafür sogar das Essen   (**sausen**).
Beim Spiel konnte ich die Zeit vergessen,
manchmal habe ich die halbe Nacht   (**gesessen**).
Viele Jahre spielte ich wöchentlich in einem Skatverein,
nach der Gründung meiner Familie ließ ich es   (**sein**).
Doch in der Freizeit nutzte ich jede Möglichkeit,
Karten hatte ich immer in meiner Tasche   (**bereit**).
Dann ging es los, es wurde gereizt,
die Stimmung war manchmal richtig   (**aufgeheizt**).
18, 20, 2, 3, 4,
mehr hab ich nicht, das Spiel gehört   (**dir**).
Mein Mitspieler hatte es manchmal satt,
öfter fehlte ihm zum Spielen das   (**Blatt**).
Hin und wieder hatte ich einen Grand mit Vieren,
den konnte noch nicht mal meine Oma   (**verlieren**).
Beim Weihnachtsskat hab ich so manche Gans gewonnen,
die hab ich dann stolz mit nach Hause   (**genommen**).
Meine Frau hat sich dann gefreut wie ein Kind,
weil Gänse ja ziemlich teuer (**sind**).
Heute fehlt meistens der dritte Mann,
so dass ich kaum noch Skat spielen   (**kann**).
Doch ergibt sich eine Gelegenheit,
bin ich immer sofort (**bereit**).

Zum Thema Gerüche

Es gehört nicht zu den besten Gerüchen der Welt,
so ein frisch mit Jauche gedüngtes   (**Feld**).

Wir gehen heute zu Tante Martha und ich weiß,
die riecht immer fürchterlich nach   (**Schweiß**).

In einem frisch bezogenen Bett
riecht es immer besonders   (**nett**).

An der Redensart ist etwas dran,
dass ich jemanden nicht riechen   (**kann**).

Fuhr die U-Bahn in den Tunnel ein,
zog ich mir ihren Geruch ganz tief   (**rein**).

Kam meine Omi zu uns zu Besuch,
lag in der Luft ihr 4711-   (**Geruch**).

Ging ich zu Oma Anna ins Zimmer,
roch es dort nach Kölnisch Wasser   (**immer**).

Gab es ein Baby in unserem Haus,
roch man die Penatencreme (**heraus**).

An die Adventszeit erinnert mich ein Duft,
der Geruch nach Plätzchen lag in der (**Luft**).

Die Hyazinthen in der Frühlingszeit,
verbreiten ihren Duft weit und (**breit**).

Der Duft der Maiglöckchen ist betörend,
mancher erlebt ihn gar als (**störend**).

Hunde riechen sehr bei Regen,
das ist nicht unbedingt ein (**Segen**).

Wenn ich mit meiner Oma zum Bettwäsche mangeln ging,
ein herrlicher Wäscheduft in den Lüften (**hing**).

Manchmal war mir als Kind im Bauch nicht wohl,
dann roch es in der Küche nach dem verhassten (**Kohl**).

Die Erinnerung an meinen Opa ist schon recht fern,
doch an den Pfeifenduft erinnere ich mich (**gern**).

Musste ich im Dunkeln durch die Straße laufen,
landete ich garantiert in einem   (**Hundehaufen**.)

Mach bloß schnell ein Fußbad, meine kleine Süße,
denn ich riech schon wieder deine   (**Schweißfüße**).

War mein Onkel manchmal bei mir,
roch es im ganzen Zimmer nach   (**Bier**).

Die Luft in den Bergen riecht klar und rein
und lädt zu einem Spaziergang   (**ein**).

Aus der Bäckerstube möchte ich gar nicht mehr raus,
nach leckerem Brot duftet das ganze   (**Haus**).

Der Duft einer herrlichen Tasse Kaffee am Morgen,
nimmt erst einmal alle kleinen   (**Sorgen**).

Paul Lincke schrieb die Musik von einem bekannten Hit,
den sangen wir immer alle   (**mit**):
das ist die Berliner Luft, Luft, Luft,
so mit ihrem holden   (**Duft, Duft, Duft**)

Erinnerungen aus der Kindheit

Meine Brüder waren besser dran,
denn sie mussten nicht täglich an den Abwasch   (**ran**).

Die Mädchen mussten damals immer einen Knicks machen,
die Mädels heute können darüber nur   (**lachen**).

Höflichkeit gehörte selbstverständlich zum guten Ton,
heute vermisst man das manchmal   (**schon**).

Noch heute höre ich meine Mutter klagen,
was sollen bloß die Leute   (**sagen**).

Manchmal haben sich die Jungs nach der Schule gehauen,
und uns Mädchen wollten sie unter die Röcke   (**schauen**).

Für einen Pfennig konnten wir Kinder lose Bonbons kaufen,
dafür waren wir bereit, weite Wege zu   (**laufen**).

Für weite Wege benutzten wir den Bus oder die Straßenbahn,
nur hin und wieder sahen wir ein Auto   (**fahr'n**).

Beim Tante Emma Laden gleich um die Ecke
gab es manchmal sogar eine (**Schnecke**).

Die Mädchen lernten Strümpfe stopfen und Knöpfe annähen,
erst nach Erfüllung der Pflichten durften wir spielen (**gehen**).

Viele Väter und Söhne verbrachten den halben Sonntag auf dem Fußballplatz,
die Mütter sorgten derweil für den Sonntagsbraten und die (**Katz**).

Der Vater arbeitete schwer und bekam vom Fleisch das größte Stück,
wir anderen hielten uns unter seinem strengen Blick sehr (**zurück**).

Vor der Polizei hatten wir größten Respekt
und hätten uns bei einem schlechten Gewissen gern (**versteckt**).

Auch wir haben nicht immer gemacht, was wir sollten
und taten lieber das, was wir (**wollten**).

Computer oder Handys hat es bei uns nicht gegeben,
als Kind mussten wir sogar ohne Fernseher und Telefon
    (leben).

Die unverheirateten Mädchen wurden Fräulein genannt,
heutzutage ist es aus dem Sprachgebrauch **(verbannt)**.

Hosen trug früher nur der Mann,
heute ziehen auch Frauen Hosen   **(an)**.

Im Winter sind wir gerne rodeln gegangen,
im Frühjahr haben wir Maikäfer   **(gefangen)**.

Einmal in der Woche gab es immer Fisch,
der kam dann freitags auf den   **(Tisch)**.

Einige Spiele der Kinder heute noch die gleichen sind,
wie auch wir spielen sie Vater, Mutter,   **(Kind)**.

Im Frühjahr musste ich nicht mehr über Leibchen und
Strümpfe klagen,
denn dann durfte ich endlich wieder Kniestrümpfe
    (tragen).

Als wir jung waren

Beim Bäcker fragten wir nach altbackenem Brot,
das half uns weiter bei finanzieller   (**Not**).

Viele Kinder zu haben war nicht immer freier Wille,
doch erst ab 1960 gab es die   (**Pille**).

Die Pille wurde Scheringtablette genannt,
man sprach über sie nur hinter vorgehaltener
        (**Hand**).

Mit Lockenwicklern frisierten Frauen sich die Haare schön,
und man konnte sie geduldig unter der Haube sitzen
        (**seh'n**).

Das Haushaltsgeld war öfter mal ganz schön knapp,
die Ausschau nach Sonderangeboten hielt die Frauen
auf   (**Trapp**).

Eintöpfe gab es oft, sie wurden gemocht,
denn früher wurde sehr sparsam   (**gekocht**).

In den sechziger Jahren war ein Fernseher der große Hit,
manchmal sahen wir beim Nachbarn   (**mit**).

Zum Frühstück gab es meist nur Marmelade,
für etwas Wurst und Käse am Abend reichte es
      (**gerade**).

Freitags gab es immer Fisch
und sonntags kam dann Fleisch auf den   (**Tisch**).

Wöchentlich gab es immer nur ein Frühstücksei,
weil mehr davon nicht so gesund   (**sei**).

Thema Bewegung

Kurt wollte immer hoch hinaus,
doch heute geht ihm schneller die Puste (**aus**).
Jetzt muss er kleinere Brötchen backen,
Rekorde als Ziel musste er beiseite (**packen**).
Heinz wiederum schüttelt den Kopf in einem Fort,
sein Motto lautete Sport ist (**Mord**).
Dafür konnte er kaum noch die Arme heben,
und hatte nicht sehr viel Spaß in seinem (**Leben**).
Das Laufen fiel ihm unendlich schwer,
bewegen wollte er sich gar nicht (**mehr**).
Dann fing er langsam mit der Bewegungsgruppe an,
und freut sich darüber, was er nun schon wieder
(**kann**).
Er nimmt an allem teil mit Augenmaß,
das Spiel mit dem Ball macht ihm am meisten
(**Spaß**).
Zum Meckern gibt es keinen Grund,
denn meist überwindet er seinen Schweine (**-hund**).
Wichtig ist, dass es im Gebälk nicht mehr so kracht,
und dass es obendrein allen Freude (**macht**).

Früher ging Walter regelmäßig zum Sport,
doch heute sind dafür die Kräfte (**fort**).
Aber die Zeit für Bewegung ist trotzdem reif,
ansonsten werden die Glieder (**steif**).
Der Blick auf den Kalender beantwortet Ilses Frag',
heute ist schon wieder Donners (**-tag**).
Ihr Mann sagt fröhlich: na, meine Puppe,
heut ist wieder Bewegungs (**-gruppe**).
Das letzte Mal war der Günter krank,
heute geht's ihm wieder gut, Gott sei (**Dank**).
Auch Käthe ist regelmäßig dabei,
früher waren ihre Beine schwer wie (**Blei**).
Heutzutage sind sie das nicht mehr,
das steigert ihre Motivation wirklich (**sehr**).
Gaby und Reni sind Freundinnen und quatschen viel,
manchmal stört es etwas beim (**Spiel**).
Dann schimpft der Fred kurz in sich hinein,
doch richtig böse kann er trotzdem nicht (**sein**).

Früher waren wir jung und schön,
davon ist leider nicht mehr viel zu   (**seh'n**).
Heute können wir nicht mehr alles machen,
doch damals ließen auch wir es richtig   (**krachen**).
Heute gleichen wir einem Ersatzteillager,
Hüften und Knie aus Titan sind der große
　　(**Schlager**).
Kauen können wir auch gut mit den Dritten,
Dank Hörgerät müssen wir nicht mehr um's Anschreien
　　(**bitten**).
Ein gesetzter Bypass öffnet unsere Venen,
mit der neuen Herzklappe hoffen wir auf ein langes
　　(**Leben**).
Doch manches steht nur in unserer Macht,
darum ernähren wir uns mit   (**Bedacht**).
Rauchen tun wir seit Jahren nicht mehr,
dieses Laster ist schon lange   (**her**).
Und auch Bewegung ist für uns wichtig,
darum sind wir in der Bewegungsgruppe
　　(**richtig**).

Ilse war die Beste im 100 Meter-Lauf,
heute ist sie nicht mehr schnell, aber richtig gut
    (**drauf**).
Gerd schwamm im Wasser wie ein Fisch,
heute sitzt er lieber am Kaffee   (**-tisch**).
Horst trainierte früher Stabhochsprung,
heute hält er sich mit Gymnastik   (**jung**).
Werner ist damals die Berge hochgeklettert,
jetzt ist er froh, wenn keiner (**wettert**).
Heidi war auf dem Tennisplatz der große Star,
das Spiel mit dem Ball findet sie immer noch
    (**wunderbar**).
Hans spielte damals Fußball als Libero,
heut sieht er zu und die Erinnerung macht ihn
    (**froh**).
Paul hat früher keinen Sport gemacht,
auch jetzt nimmt er sich vor großer Anstrengung in
    (**Acht**).
Irene konnte schön auf Kufen über das Eis gleiten,
gerne erzählt sie von früheren   (**Zeiten**).
Martha tanzte früher wie eine Feder so leicht,
nun freut sie sich, wenn die Kraft für drei Tänze
    (**reicht**).
Früher war es gut, doch die Anstrengung will keiner mehr,
beweisen müssen sich die jungen Leute, bitte
    (**sehr**).
Darum seid nicht traurig denn alles hat seine Zeit,
und nun macht euch für die Bewegungsgruppe
    (**bereit**).

bereits erschienen:

Gefühlte Texte

Aus meinem Leben mit einer chronischen Erkrankung

Gedichte

Angela Weiland, Mauer Verlag, Rottenburg, 2008
ISBN - 978-3-86812-153-7

Das Heute zählt

Wenn Menschen ihre Erinnerungen verlieren,
geht oftmals weit mehr verloren,
da es für die Umwelt unerhört schwer ist,
den Verlust zu begreifen und zu akzeptieren.

Gedichte

Angela Weiland, BOD Verlag, Norderstedt, 2010
ISBN - 978-3-8423-5789-1

Geschichten zum Mitmachen

Rätsel müssen gelöst werden,
damit die Erzählung weitergeht

8 Geschichten für Kinder(4-6Jahre)

Angela Weiland, BOD Verlag, Norderstedt, 2010
ISBN - 978-3-83914-201-1

Pendelverkehr zwischen Himmel und Hölle

Eine schwere, wenn nicht sogar lebensbedrohliche Erkrankung ist ein extremer Einschnitt im Leben.
Ich habe die Verzweiflung und die Hoffnung,
das ständige Auf und Ab der Befindlichkeit, sowie die Zerrissenheit ihrer Empfindungen miterlebt.
In meinen Gedichten bringe ich die ge- und erlebten Gefühle zum Ausdruck.

Gedichte

Angela Weiland, BOD Verlag, Norderstedt, 2013
ISBN-978-3732239238

Aktives Zuhören
Kleine Geschichten in Reimen

zum Vervollständigen
für Menschen mit Demenz

Angela Weiland, BOD Verlag, Norderstedt, 2013
ISBN-978-37322-3355-7

Aktives Zuhören
Band 2
Kleine Geschichten in Reimen

zum Vervollständigen
für Menschen mit Demenz

Angela Weiland, BOD Verlag, Norderstedt, 2013
ISBN-978-3-7322-5123-0

Querbeet

Gedanken zur Welt und ihren Bewohnern

Gedichte +

Angela Weiland, BOD Verlag, Norderstedt, 2013
ISBN- 978-3732287505